Campeones de la World Series: Los Pittsburgh Pirates

El tercera base Harold "Pie" Traynor

El lanzador David Bednar

CAMPEONES DE LA WORLD SERIES

LOS PITTSBURGH PIRATES

JOE TISCHLER

CREATIVE EDUCATION/CREATIVE PAPERBACKS

Publicado por Creative Education y Creative Paperbacks
P.O. Box 227, Mankato, Minnesota 56002
Creative Education y Creative Paperbacks son marcas
editoriales de The Creative Company
www.thecreativecompany.us

Dirección de arte por Tom Morgan
Diseño y producción por Ciara Beitlich
Editado por Jill Kalz

Fotografías por AP Images (Tony Tomsic), Corbis (Mark Cunningham,
Focus on Sport, Rich Pilling), Dreamstime (Rudi1976), Getty (Bettmann,
Thearon W. Henderson, Andy Lyons, MLB Photos, National Baseball Hall
of Fame, Rich Pilling, Joe Sargent), Library of Congress (PIC)

Library of Congress Cataloging-in-Publication Data
Names: Tischler, Joe, author.
Title: Los Pittsburgh Pirates / [by Joe Tischler].
Description: [Mankato, Minnesota] : [Creative Education and Creative
  Paperbacks], [2024] | Series: Creative sports. Campeones de la World
  Series | Includes index. | Audience: Ages 7-10 years | Audience: Grades
  2-3 | Summary: "Elementary-level text and engaging sports photos
  highlight the Pittsburgh Pirates' MLB World Series wins and losses, plus
  sensational players associated with the professional baseball team
  such as Andrew McCutchen"-- Provided by publisher.
Identifiers: LCCN 2023015536 (print) | LCCN 2023015537 (ebook) | ISBN
  9781640269545 (library binding) | ISBN 9781682775042 (paperback) |
  ISBN 9781640269781 (ebook)
Subjects: LCSH: Pittsburgh Pirates (Baseball team)--History--Juvenile
  literature. | Forbes Field (Pittsburgh, Pa.)--History--Juvenile literature. |
  World Series (Baseball)--History--Juvenile literature. | National League
  of Professional Baseball Clubs--Juvenile literature. | Major League
  Baseball (Organization)--History--Juvenile literature. | Baseball--
  Pennsylvania--Pittsburgh--History--Juvenile literature.
Classification: LCC GV875.P5 T5718 2024 (print) | LCC GV875.P5 (ebook) |
  DDC 796.357/640974886--dc23/eng/20230412

Impreso en China

El jardinero Andrew McCutchen

CONTENIDO

El hogar de los Pirates

Pittsburgh, Pennsylvania, es conocida como la "ciudad de los puentes." ¡Tiene casi 450! Uno de esos puentes pasa cerca de un **estadio** llamado PNC Park. Allí es donde los Pirates juegan béisbol.

Los Pittsburgh Pirates son un equipo de béisbol de la Major League Baseball (MLB). Compiten en la División Central de la National League (NL). Sus **rivales** son los Cincinnati Reds. Todos los equipos de la MLB quieren ganar la World Series y convertirse en campeones. ¡Los Pirates lo han hecho cinco veces!

El jardinero Kiki Cuyler

Nombrando a los Pirates

El club de Pittsburgh comenzó en 1882. Era conocido como los Alleghenys. Antes de la temporada de 1891, Pittsburgh contrató a un jugador de otro equipo. El movimiento fue visto como "pirática" o como un pirata. El nombre del equipo cambió a los "Pirates."

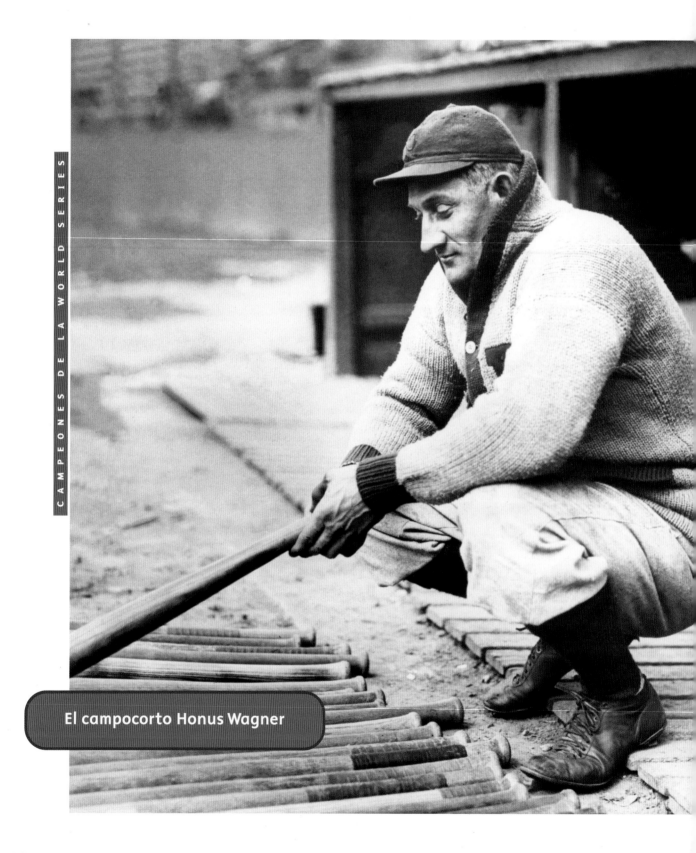

El campocorto Honus Wagner

Historia de los Pirates

Pittsburgh jugó por primera vez en la Asociación Americana. Se mudaron a la NL en 1887. Durante muchos años, no fueron muy buenos. Eso cambió en 1900 cuando el campocorto Honus Wagner se unió al equipo. Wagner lideró la NL en promedio de bateo ocho veces. Los Pirates ganaron su primer **banderín** de la NL en 1901. Jugaron en la primera World Series en 1903. Pero perdieron. Los Pirates regresaron en 1909, ¡pero esta vez se llevaron la victoria! Vencieron a los Detroit Tigers en siete partidos.

Los Pirates ganaron su segundo **título** en 1925. El veloz jardinero Kiki Cuyler lideró la liga en carreras y triples. El equipo llegó nuevamente a la World Series dos años después. Pero fueron vencidos por los New York Yankees.

Los Pirates cayeron en un **slump** que duró más de 30 años. No regresaron a la World Series hasta 1960. Se enfrentaron nuevamente a los Yankees. Bill Mazeroski bateó un jonrón que ganó el partido en el juego 7. Esto marcó el tercer campeonato de los Pirates.

El segunda base Bill Mazeroski

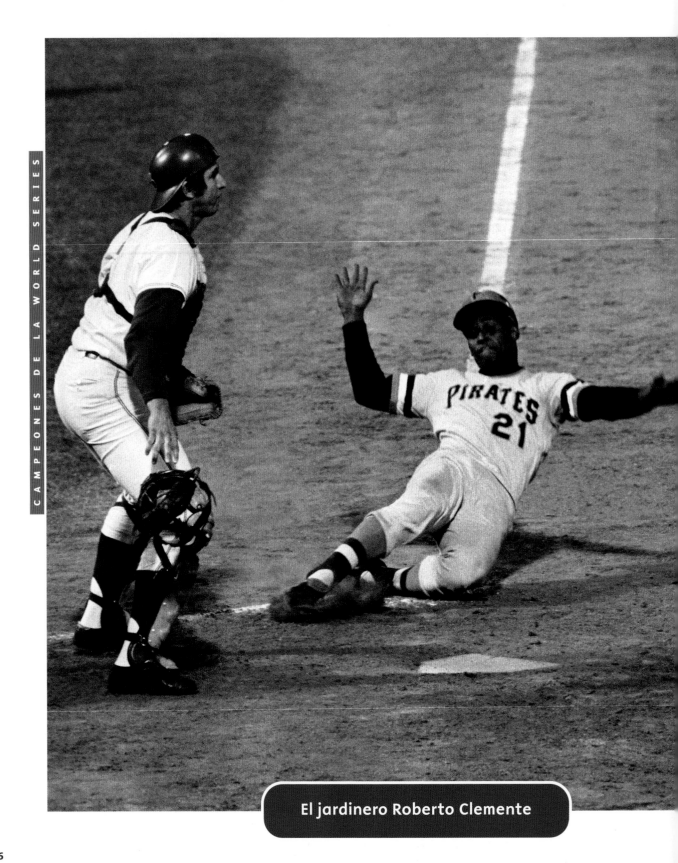

El jardinero Roberto Clemente

Pittsburgh era un equipo feroz en la década de 1970. Llegaron a las **eliminatorias** 6 veces en 10 años. Ganaron la World Series dos veces, venciendo a los Baltimore Orioles, en 1971 y 1979. Ambas victorias fueron en siete partidos. El jardinero Roberto Clemente era excelente con su bate y guante. Lideró la NL en promedio de bate 4 veces y ganó 12 Gold Glove Awards. Los mejores defensores de la liga ganan ese premio.

Otras estrellas de los Pirates

Muchas estrellas han jugado para los Pirates. Willie Stargell bateó casi 500 jonrones en 21 años. El jardinero Barry Bonds ganó dos premios al jugador más valioso de la NL con el equipo. El jardinero Andrew McCutchen también ganó un MVP.

El jardinero/primera base Willie Stargell

El tercera base Ke'Bryan Hayes

El tercera base Ke'Bryan Hayes es una estrella en ascenso con hambre de ganar. También lo es el lanzador David Bednar. ¡Los aficionados de los Pirates esperan que ellos puedan llevarles a casa a otro campeonato pronto!

Sobre los Pirates

Comenzaron a jugar en: 1882

....

Liga/división: Liga Nacional, División Central

....

Colores del equipo: negro y dorado

....

Estadio local: PNC Park

....

CAMPEONATOS DE LA WORLD SERIES:

1909, 4 juegos a 3,
venciendo a los Detroit Tigers

....

1925, 4 juegos a 3,
venciendo a los Washington Senators

....

1960, 4 juegos a 3,
venciendo a los New York Yankees

....

1971, 4 juegos a 3,
venciendo a los Baltimore Orioles

....

1979, 4 juegos a 3,
venciendo a los Baltimore Orioles

....

Sitio web de los Pittsburgh Pirates:
www.mlb.com/pirates

....

Glosario

banderín: el campeonato de una liga; el equipo que gana un banderín juega en la World Series

....

eliminatorias: partidos que juegan los mejores equipos después de una temporada para ver quién será el campeón

....

estadio: un edificio con niveles de asientos para los espectadores

....

rival: un equipo que juega muy duro contra otro equipo

....

slump: un período de tiempo cuando unequipo pierde más partidos de los que gana

....

título: otra forma de decir campeonato

....

CAMPEONES DE LA WORLD SERIES

El jardinero Barry Bonds

Índice